OBSERVATIONS

SUR LA CONSTITUTION

PROPOSÉE

PAR LA COMMISSION DES ONZE,

ET

SUR LA POSITION ACTUELLE

DE LA FRANCE;

PAR DU PONT,

EX-DÉPUTÉ DE NEMOURS A LA PREMIÈRE ASSEMBLÉE CONSTITUANTE.

A PARIS,

CHEZ DU PONT IMPRIMEUR - LIBRAIRE,
rue de la Loi, n°. 1232.

L'AN III DE LA RÉPUBLIQUE.

OBSERVATIONS
SUR LA CONSTITUTION
PROPOSÉE
PAR LA COMMISSION DES ONZE,
ET
SUR LA POSITION ACTUELLE
DE LA FRANCE.

LE temps est passé, où il fallait se renfermer dans une juste modestie, suspendre son opinion, laisser parler seuls les citoyens qui en ont reçu mission spéciale, ou, si l'on hasardait son avis, le couvrir du voile de l'anonyme. On va tirer les dernières chances du sort de la patrie. Il s'agit de savoir si nous aurons, ou non, perdu le fruit de la plus terrible suite des plus affreux malheurs? si l'expérience nous aura rendus, nous rendra justes et sages? si elle éclairera enfin notre raison, qui eut pu ne pas attendre ses tristes et tardifs conseils? si nous voulons que la révolution soit finie, ou finisse promptement? si nous voulons recommencer un nouveau cours de révolutions sur révolutions, qui peuvent, comme celle de Perse, durer encore quatre-vingt années? si, prodigues autant que nous l'avons été de tous les moyens, de sang, de richesses, de vertus, d'efforts et de crimes, nous pourrions en supporter plus long temps l'épuisement, la fatigue et les frais ?

Dans de telles circonstances, chacun doit à ses concitoyens le tribut de sa libre pensée; et dès qu'il la croit utile, chacun y doit ajouter ce qui lui paraît propre à y donner un peu plus de poids.

Quand le vaisseau est dans un éminent danger, tout homme a droit de mettre la main à la manœuvre, et l'homme de bien a le devoir de dire : *c'est moi, je ne suis ni fou, ni méchant.*

La commission des onze a rendu un important service. Elle est digne de toute notre reconnaissance. Elle s'est élevée à la hauteur de l'obligation qui lui était imposée. Elle a, d'une main vigoureuse, déchiré la prétendue Constitution de 1795 ; elle a renversé l'arche sanglante, soi-disant sainte, dans laquelle on avait offert à l'adoration de la sottise, de la crainte et de la faiblesse, cette œuvre de la démence et de la fureur.

Elle nous a replacés au même point où nous étions le 15 juillet 1789. Plût au ciel qu'elle eût pu nous rendre en même-temps nos frères massacrés, nos grands hommes égorgés, nos trésors dissipés, nos subsistances anéanties !

Mais la Constitution qu'elle nous propose est-elle conforme à nos droits ? Porte-t-elle sur des bases équitables et philosophiques ? Est elle favorable à la liberté ? Concilie t-elle les intérêts ? Doit elle attacher les citoyens à la République ? Garantit-elle la paix intérieure ! Peut-elle être solidement établie par la Convention nationale ? Hélas ! non. C'est ce qui sera trop prouvé dans cet écrit.

§ PREMIER.

De la Souveraineté, ou du DROIT *essentiel et naturel* DE CITÉ, *indépendant de toute institution, et source de toute autorité publique. Du droit de Cité secondaire, représentatif et conférable.*

Il en est du *droit naturel de Cité* comme des autres droits de l'homme : une *Convention nationale* peut les reconnaître et les déclarer ; elle ne les fait pas.

Une Convention nationale représente le Peuple souverain du pays ; et si ce n'était pas le Souverain qu'elle représentât, elle n'aurait aucun droit de faire des loix et de régler la Constitution.

Il faut donc qu'elle sache, avant tout, de quels Citoyens le Souverain est composé, et qui elle représente.

Il est évident que nul homme ne peut, sans violence, coucher, ni même entrer dans une maison , que du consentement du propriétaire.

Il est évident que nul homme ne peut, sans violence, manger un fruit, avoir un boisseau de bled, déterrer un navet, couper un chou, que du consentement du propriétaire.

Il est évident que les propriétaires sont les maîtres de cultiver leur héritage, et le cultivent dans une très grande partie de la France, et que nul homme encore ne peut travailler à la culture de cet héritage, que de leur consentement.

Il est évident que les fermiers ne cultivent que par l'effet d'un contrat qui les met aux droits du propriétaire, et leur confie à terme l'héritage.

Et que les locataires ne disposent des maisons d'habitation, n'y sont passagèrement les maîtres, que comme *avoués* des propriétaires, et par un contrat semblable à celui du fermier, qui dépose entre leurs mains, à terme, le droit du propriétaire sur cette maison.

Il est donc évident que les propriétaires, sans le consentement desquels personne ne pourroit ni loger, ni manger dans le pays, en sont les Citoyens par excellence. Ils sont Souverains *par la grâce de Dieu*, de la nature, de leur travail, de leurs avances, des travaux et des avances de leurs ancêtres.

La Convention nationale ne peut leur ôter cette qualité, sans leur ôter la propriété même. C'était bien ce que voulaient Robespierre et ses complices. Ils dépouillaient le Peuple pour lui substituer un autre peuple qui, devenu propriétaire par la force, aurait été, à titre de conquête, possesseur et souverain à la place du premier, que la tyrannie eut anéanti.

Déclarer que *le droit* éminent *de cite*, que la Souveraineté du territoire seront désormais attribués à la seule naissance, indépendamment de la propriété de ce territoire; vouloir que les *sans-culottes*, sans maison, sans héritage, que ceux qui ne possèdent aucune partie

du sol, et que l'on pourrait regarder comme
ayant au pillage un intérêt momentané, nom-
ment, malgré les propriétaires, ceux qui feront les loix pour l'administration des héri-
tages, des maisons, des propriétés de toute
espèce, et pour la sûreté des personnes et des
biens, ce serait donc usurper la souveraineté
nationale. Ce serait armer contre le peuple
propriétaire et citoyen, et contre le peuple
cultivateur, vicaire naturel, intime associé
du peuple propriétaire, toute la classe des
hommes qui n'ont rien à perdre, qui ne sont
d'aucune société politique, qui vivent également bien par-tout du travail de leurs bras,
qui par-tout ont certainement droit à la liberté
personnelle et à la protection des loix, mais
qui nulle part ne peuvent avoir droit direct à
leur confection. Ce serait se mettre en état de
révolte ouverte contre la nation, et profiter
pour ce délit des erreurs, des préjugés, de
la force d'une multitude séduite, que l'on
conduirait, en la trompant, à la misère, au
dénuement, à la famine. Ce ne sont pas là
les fonctions d'une Convention nationale : un
tel pouvoir ne lui a pas été délégué ; il n'a pas
pu l'être.

Aussi, assurerais-je bien que la nôtre ne

veut rien de pareil. Elle reconnaît que la propriété acquise par le travail du propriétaire,
ou par celui de ses ayeux, ou à prix d'argent,
soit de ceux qui la créèrent, soit de leurs
descendans, est un *droit sacré*, un droit fon-
damental de la société politique, un droit sans
lequel on ne pourrait assurer ni les succés de
la culture, ni la subsistance de tous les habitans du pays, et que ces habitans ont donc
un grand intérêt de respecter.

La commission des onze est trop éclairée
pour avoir méconnu ces principes. Elle a voulu
seulement, en prodiguant le droit de cité, con-
tenter d'estimables prolétaires qui ont utilement concouru à la révolution. Mais on peut
les récompenser, les allier à la patrie, les ad-
mettre dans la constitution et l'organisation
de la république, sans violer les droits de personne, sans déposséder le Peuple souverain,
et en reconnaissant l'autorité qu'il tient de
la nature, base unique de celle qu'il a remise
à la Convention nationale.

Ces prolétaires que l'on veut favoriser, et
qui le méritent, habitent quelque part : et
dans la maison, dans le logement qu'un propriétaire leur loue, pour eux et leur famille,
ils représentent ce propriétaire, ils en exercent

les droits. Rien ne s'oppose donc à ce qu'ils jouissent aussi, pour toute la durée de leur bail, d'un *droit de cité représentatif*, qui, pour les bons citoyens, se renouvellera toujours avec le bail même.

Il faut seulement observer qu'un droit de cité *représentatif* ne portant pas avec lui, et envers la société, sa garantie physique, comme un droit de propriété territoriale, il est néces: saire de s'assurer que celui auquel on le confie, et à qui on remet des armes pour concourir à faire respecter les lcix, est véritablement pénétré d'amour pour elles. Le corps des propriétaires, des citoyens, a droit et intérêt de savoir, si l'homme qu'un de leurs collègues présente pour le suppléer, offre dans ses habitudes et dans s s sentimens, un gage moral de sa conduite. Le droit de cité conférable à un simple locataire, suppose donc un certificat de civisme et de bonnes mœurs.

C'est un moyen de n'exclure des droits politiques que les méchans et les ennemis de la patrie. Et qui oserait dire qu'il fallût les en revêtir? C'est un moyen d'exciter par-tout l'amour du travail; c'est un moyen de multiplier les actions louables et honnêtes; c'est un moyen de rappeller l'égalité, en compensant le désavantage des positions ; c'est un moyen de rendre le droit de cité représentatif encore plus réellement honorable, et plus digne d'estime que l'autre. Car les propriétaires ne pourront s'empêcher de convenir que les vertus ne sont pas moins respectables que la propriété : et dans leurs procédés avec les associés qu'ils se seront donnés eux mêmes, dont ils auront eux-mêmes vérifié la moralité, ils seront obligés de manifester cette équitable opinion.

Elle sera d'autant plus constatée, si, comme je le désire, et comme le réclame la *liberté* même du Souverain, on n'exige pour l'éligibilité aucune condition que le suffrage des électeurs ; et s'ils sont les maîtres de prendre les Représentans du Peuple parmi les simples locataires, comme parmi les propriétaires fonciers.

Au lieu donc de marcher au but que se propose la commission des onze, par une voie despotique, usurpatrice, démoralisatrice, et qui excède les pouvoirs de la Convention, on y peut arriver plus sûrement, plus utilement, de l'aveu de tout le monde, en respectant les principes, en reconnaissant les droits du souverain, en appellant les hommes estimables, en repoussant les hommes dangereux , en perfectionnant la morale , en améliorant l'espéce humaine. Qui pourrait balancer dans le choix?

§ I I.

Des petites Communes.

Le projet de supprimer les petites communes et de les faire administrer par une *municipalité de canton*, n'a pu naître que dans les villes , et chez des gens qui n'ont aucune idée des communes champétres , de leurs mœurs, de leurs relations , de leurs intéréts.

On a cru sauver leurs droits , en faisant fournir à chaque commune un officier pour la municipalité cantoniale : cela est absolùment impraticable. Il n'y a point dans les communes villageoises de citoyens qui pussent , ni qui voulussent quitter leur domicile pour aller être municipaux au chef-lieu de canton; ni méme qui voulussent , sans quitter leur domicile , s'assujettir à se rendre au chef-lieu de canton toutes les fois qu'il faudrait assembler le corps municipal. Ils ne le feraient pas , quand on devrait les bien payer; ils le feront encore moins gratuitement. Ils sont trop occupés, et trop utilement, trop indispensablement occu-

pés de leurs travaux rustiques; ils ne pourraient s'en distraire qu'avec une trop grande
perte, et pour eux, et pour la société, pour
les subsistances de la nation entière.

La loi prononcerait donc vainement. Les
municipalités de canton, ou seraient formées
sans le concours des petites communes, ou
tiendraient leurs assemblées, feraient leurs
opérations, sans que les citoyens désignés par
les petites communes pour y prendre part, y
contribuassent en aucune façon.

L'administration immédiate et directe sur
tous les citoyens employés à l'agriculture, serait donc concentrée dans les bourgs ou les
très-petites villes, qui sont chefs-lieux de
canton. Elle n'y serait pas même remise aux
cultivateurs qui peuvent s'y trouver, et qui,
lorsqu'ils en sont les maîtres, préfèrent toujours leur travail producteur à toute fonction
publique. Elle tomberait nécessairement entre
les mains des petits procureurs et des huis-
siers des justices ci-devant seigneuriales, seuls
citoyens qui eussent l'intérêt et le desir de
s'en charger, le loisir de s'en occuper. Or ces
hommes sont, par leur ancienne éducation,
par la nature des fonctions qu'ils ont toujours
remplies, les plus avides, les plus chicaniers,

.les plus oppressifs que l'on puisse trouver dans toute la République.

Leur gestion serait inévitablement beaucoup plus mauvaise, beaucoup plus tyrannique, beaucoup plus vexatoire pour les campagnes que ne le fut autrefois celle des intendans et des subdélégués. Loin d'avoir gagné de la *liberté*, nos citoyens champêtres en auraient perdu par la révolution : loin de s'être rapprochés de *l'égalité*, ils se verraient plus douloureusement soumis à des gens dont la domination plus voisine d'eux, leur paraîtrait plus inquiétante et plus dure.

Ce ne serait pas le moyen de leur faire aimer la République.

Et veut-on savoir ce que sont dans la République, les citoyens des petites communes ? Il faut compter.

Les villes de douze cents ames et au-dessus, renferment *huit millions cinq cent mille* habitans.

Les campagnes, les petites communes en ont *dix-sept millions*.

Il s'agit donc d'asservir et de décourager les deux tiers de la nation : les deux tiers, qui sont les uniques producteurs de subsistances. Il ne peut être ni constitutionnel, ni utile de les priver, au nom de la liberté, du matériel même de la liberté, pour laquelle on fait combattre leurs enfans, principaux instru-mens de nos victoires. Ce n'est pas la mission de la Convention nationale; ce n'est pas son droit. Le projet de la suppression des petites communes doit donc être rejetté hautement et unanimement.

§ I I I.

Des élections.

Le plan d'élection proposé par la commis-sion des onze est encore entièrement conçu contre les habitans des campagnes. Il tend à rendre illusoire leur droit électoral, et à mettre les choix entièrement dans la main des habitans de la ville principale du départe-ment. Joint au système qui prodiguerait le droit de cité aux prolétaires tels qu'ils soient, et sans égard à leur amour pour la Républi-que, à leurs principes, à leurs bonnes mœurs, il tend à livrer toutes les nominations à la partie la moins éclairée et la moins estimable des habitans de ces villes.

On ferait une première élection pour nom-mer des candidats, et ceux qui auraient eu

le plus de suffrages dans cette première élection, seraient en nombre triple des sujets à
élire, les seuls qui pussent entrer au concours.

Or il est clair que les assemblées primaires
de la ville principale du département seront
beaucoup plus aisément animées du même esprit que les assemblées primaires dispersées
dans les campagnes.

Les voix de ces dernières divagueront nécessairement. Chaque canton fera un choix
différent, nommera le citoyen qui, dans le
canton, aura montré le plus de capacité lo-
cale et de vertus privées. Aucun des citoyens
proposés par les campagnes n'aura donc les
voix de plus d'un canton; aucun par conséquent ne pourra parvenir à être sur la liste
des candidats, ni à devenir Représentant du
peuple.

Dans la ville principale du département, les
citoyens qui auront eu le plus l'art de plaire
au peuple des cabarets, auront les voix de
toutes les sections. Ils seront les candidats, en
dépit de l'opinion générale. La ville seule aura
choisi; elle aura choisi les moins bons; et les
citoyens des campagnes prononceront ensuite
sur ces candidats, dont ils ne connaîtront
pas un.

On

On pourra, dans un département de trois cent soixante mille âmes, être nommé Représentant du Peuple avec quatre cens voix, de la plus grande ville, ramassées dans les lieux publics, ayant contre soi l'opposition décidée de tout le reste du département.

Que les assemblées de canton de six cens *votans* chacune se soient partagées entre plusieurs sujets, ou n'aient réuni sur ceux qui auront eu la majorité qu'un peu plus de trois cens voix.

Que dans la ville principale, supposée de vingt mille âmes, ayant dix assemblées primaires, et toutes les divisions qui agitent une ville au tems des élections, les voix se dispersent; mais qu'il y en ait sur chaque section quarante qui se réunissent, déterminées par une réputation démagogique, par le reste des anciens partis, par quelques bouteilles de vin adroitement distribuées; ces quarante voix par section de la ville la plus peuplée, ces quatre cens voix dans tout le département, nommeront tous les candidats auxquels aucun des autres citoyens n'avait pensé. Et les citoyens des assemblées primaires qui ne voulaient point de ces candidats, qui, s'ils les eussent connus, les auraient repoussés avec horreur ou avec

B

mépris, seront forcées de choisir entr'eux à-peu-près au hasard.

Il est difficile d'imaginer un plus mauvais système d'élection.

J'ose croire que celui que j'avais proposé, qui ne demandait aux assemblées primaires, tenues en chaque commune, que de nommer des électeurs ;

Qui conférait ainsi le droit électoral, par la volonté du Peuple souverain, aux citoyens qu'il estime le plus en chaque commune ;

Qui proportionnait le nombre des assemblées électorales à celui des Représentans à élire ;

Qui admettait pour candidat tout homme proposé par six autres citoyens lesquels exposeraient ses services, son mérite, les raisons de leur choix, et signeraient cette attestation, en faisant connaître leur nom, leur âge, leur profession, leur domicile ;

Qui laissait quarante jours entre la nomination des candidats et l'élection ;

Qui permettait aux candidats de se présenter devant l'assemblée électorale, et d'y réfuter les objections, les imputations qu'on aurait pu leur faire ;

Qui, sur-tout, autorisait les communes à donner des *instructions* aux électeurs, et obligeait les électeurs de rédiger en un seul corps ces instructions pour les remettre aux députés ;

Etait préférable sous tous les aspects.

D'abord, il était beaucoup plus économique.

Sur dix mille assemblées primaires de six cens hommes chacune , tenues au chef-lieu de canton , il y aura les deux tiers des votans ou quatre millions d'hommes exposés au déplacement , et qui , hors de chez eux pendant deux jours , un pour l'assemblée préparatoire , un pour l'assemblée d'élection , consumeront sur le pied de cent sols par jour une somme de *quarante millions.*

A trois électeurs par commune , l'une dans l'autre , rendus au chef-lieu d'élection , et supposés y passer six jours en deux séances : la première, pour porter leurs instructions et nommer les commissaires rédacteurs , la seconde , pour écouter la rédaction , et pour élire ; les cent vingt mille électeurs qui pourraient éprouver le déplacement , ne dépenseraient que *trois millions six cens mille livres* ; et soit qu'on les défraie , ce qui serait très-juste , soit que chacun reste chargé de ce qui concernera sa mission , il y aura épargne de plus des neuf dixièmes , ou de *trente-six millions au* moins de contributions.

Ce n'est pas une considération majeure ; mais elle a son poids chez une nation qui sortira de la révolution très-appauvrie.

La nécessité de ne pas enlever aux communes champêtres , dont les citoyens font les deux tiers de la République , leur part dans le droit de nommer leurs Représentans , mérite une beaucoup plus grande attention.

Le projet de municipalité des onze soumet l'administration des petites communes au despotisme des procureurs domiciliés dans les bourgs.

Leur projet d'élection livre la représentation de ces mêmes petites communes à l'aristocratie , non pas même des gens instruits , mais des prolétaires des grandes villes.

Qu'est-ce que les citoyens qui habitent les campagnes ont fait à la commission ?

Qu'est-ce qu'ils lui ont fait sur-tout pour les priver du plus beau droit qui résul e de leur participation à la Souveraineté , du droit de donner des instructions aux Représentans auxquels ils délèguent le pouvoir législatif ?

Cet article est si important , qu'il réclame un paragraphe particulier.

§. IV.

*Des instructions que le Souverain a l'in-
térêt et le droit de donner à ses Représentans, et dont la Convention a le
devoir d'établir la nécessité, de régler
le mode.*

Où est le Souverain dans la constitution des
onze ?

Qu'est-ce que sa liberté ?

En quoi consiste son autorité ?

Comment fait-il respecter ses droits ?

Je vois ses fers.

On L'OBLIGERA *d'accepter* LIBREMENT,
comme en 1793, dans le tumulte des assemblées
primaires de canton, et à peine d'y passer pour
mauvais citoyen, pour terroriste, pour royaliste, pour ennemi du retour de la tranquillité
et de l'abondance, la Constitution qu'on aura
bien voulu lui donner.

Il faudra qu'il l'accepte *par oui*, car il n'oserait la refuser *par non*, et ces deux mots seuls lui
sont permis. Il faudra qu'il accepte sans examen, sans amendement, sans expérience que
celle de ses malheurs passsés, ce petit ouvrage
de cinq cents et tant d'articles et de deux heures

de lecture , auquel il ne comprendra rien , puisque les philosophes ont besoin de le relire deux fois pour l'entendre.

S'il remarque dans la suite que ses intérêts y sont négligés , que ses droits y sont lézés , que sa volonté n'aura été et ne pourra désormais être ni consultée, ni écoutée , il faudra qu'il attende qu'un *Conseil des anciens* s'apperçoive de cet inconvénient ; que ce Conseil en avertisse le *Conseil des cinq cents* ; que celui-ci trouve qu'en effet le Souverain mériterait plus d'égards , et qu'on pourra s'en occuper dans six années. Il faudra qu'à deux époques d'intervalle dans les six ans , deux Conseils des anciens, et deux Conseils des cinq cents , aient songé à cette affaire ; et que tous les quatre aient persisté dans la même opinion. Après quoi une *Assemblée de revision* pourra faire justice au Souverain , qui , en attendant, sera tenu d'obéir à toutes les injonctions , à tous les vices d'une Constitution, qu'il n'aura, dans le vrai, ni jugée, ni acceptée. Je dis qu'il ne l'aura pas *jugée* ; car le jugement d'une Constitution est impossible dans une séance d'assemblées primaires. On ne peut pas même y permettre la discussion qui ferait naître autant d'opinions que de têtes, et produirait un million de projets de constitution, entre lesquels il serait encore bien plus embarrassant de choisir. Et j'ajoute qu'il ne l'aura pas *acceptée*; car comment peut-on ACCEPTER des loix dont on n'a pu se former des idées claires, qu'on n'a ni examinées, ni pesées, ni même physiquement écoutées? On ne peut que s'y *soumettre*.

» On ne saurait aimer ce qu'on ne connaît pas ».

On ne peut pas davantage le respecter, ni le vouloir. Ainsi l'on fait dire au Peuple, *j'accepte*; mais il ne le dit pas en *Souverain*, qui veut et commande, sachant pourquoi. Il ne le dit qu'en *sujet* qui obéit, et qui plie de peur d'un plus grand mal. Il est donc vrai qu'on abuse des mots avec lui, et qu'en sa qualité de Souverain il *n'accepte pas*. L'acceptation prétendue d'une constitution volumineuse, que l'on n'a pas eu la liberté de discuter et d'amender, n'est qu'une illusion : ce n'est qu'un piége honteux, tendu à la bonne foi des citoyens.

Et vous appellez cela *fonder une République?* Oui, pour vous, Messieurs les Législateurs ; mais dans vôtre République le Peuple n'est rien.

Vous lui donnez un vain titre, et la fatigue,

avec la dépense, d'aller à quelques lieues de chez lui prononcer qu'il *accepte*, et choisir ensuite ses mandataires entre des gens dont il n'aura jamais entendu parler, qui lui seront indiqués par d'autres qu'il n'estime guéres, et sur lesquels il ne pourra pas même s'en rapporter à ceux dont les lumières et la probité lui sont connues.

Ce n'est point ainsi que des délégués doivent traiter leurs commettans et leur maître.

Quand vous, et vos prédécesseurs les premiers constituans, avez dit au Peuple : *Tu es Souverain, sois libre; renverses un gouvernement oppresseur*: c'était autre chose qu'il attendait; c'étaient d'autres espérances qu'on lui avait données.

Vous me direz que *le Peuple exerce sa Souveraineté en acceptant la constitution, puis en nommant ses magistrats et ses Représentans.*

Dans votre constitution, rien de cela n'est vrai.

En *acceptant*, c'est-à-dire, en RECEVANT *une constitution*, telle qu'elle soit, par toutes les manières employées ou proposées jusqu'à ce jour, le Peuple, *d'un grand état*, ne saurait exercer que *sa servitude*.

En nommant ses Représentans par des formes

inégales , avantageuses à de certaines sections de la République, nuisibles à la majorité ; en les nommant sans les connaître, et sans leur prescrire aucune loi , il ne fait que *confirmer cette servitude* et river les anneaux de ses chaînes.

Il faut pourtant qu'il soit véritablement libre et Souverain. Il ne suffit pas qu'il l'entende dire ; il faut qu'il le sente , il faut qu'il le voie, il faut qu'il en retire un avantage manifeste, il faut qu'il en savoure le plaisir. Sans cela , vous bâtiriez en l'air, et rien de ce que vous auriez décrété ne subsisterait. On ne manquerait pas de factieux , ni peut-être même de véritables amis de la liberté , qui renverseraient votre ouvrage.

Vous avez détruit toutes les traces de l'ancien gouvernement ; vous avez élevé l'autorité repsésentative par la force du Peuple. Arrangez-vous de manière qu'il lui plaise de la maintenir ; qu'il n'aie , ni se croie aucun intérêt à la troubler. Faites ensorte que ses Représentans soient réellement et non pas illusoirement de son choix , et qu'il leur donne sa confiance sur la foi de tous ceux que , dans l'expérience de sa vie , il a reconnu pour les plus éclairés et les plus honnêtes gens. Ensuite n'exigez pas pour eux une autorité totalement arbitraire, le droit de ne s'occuper que de ce qui leur plaira. Établissez un moyen régulier , doux , prudent, efficace , égal et semblable pour toutes les sections de la République, égal et semblable pour tous les citoyens , de faire connaître aux mandataires, que le Souverain aura nommés, ses besoins, ce qu'il imagine lui être utile , et quelle est sa volonté.

Il est nécessaire à son bonheur, à leur pouvoir bienfaisant, à la paix publique, qu'il donne l'impulsion et la direction à leur travail , et qu'ils ne puissent pas refuser de prendre en considération ce qu'il aura jugé digne de la sienne.

Il faut qu'on voie par-tout qu'*il est LE SOUVERAIN*, et que les autres sont ses *ministres*, les gens d'esprit, les travailleurs , sur le bon sens et le zèle desquels il a compté , dont il suit les conseils parce qu'il est sage ; sans renoncer, puisqu'il est le maître , à leur indiquer les affaires qu'il peut avoir particulièrement à cœur, et pour lesquelles il leur demande de sages conseils,

Vous me direz qu'*un gouvernement où le Peuple prendrait une si grande part serait orageux.* C'est tout le contraire. Il n'y a pas actuellement d'autre méthode sûre pour la rendre paisible. Avec les dispositions et les habitudes que la révolution a données aux Français, le gouvernement sera orageux, si le Peuple voit que rien n'émane de lui dans aucune des résolutions que l'on prendra en son nom. Et vous ne contiendriez que par la force ses inquiétudes partielles, ou son mécontentement général : état douloureux pour lui, périlleux pour vous.

Mais sachez faire au sein de la République ce que Franklin a fait au milieu des nuages irrités ; offrez un écoulement au fluide électrique ; soutirez le tonnerre, et la foudre ne vous frappera pas.

Que votre Peuple règne comme un roi, comme un bon roi dans un gouvernement tempéré. Donnez à sa volonté une raisonnable influence ; qu'elle puisse tout opérer quand elle sera louable et sage ; qu'elle ne trouve d'obstacles que pour la folie et l'injustice ; et que ce soit alors la raison seule qui la repousse.

Que le Souverain ait ses aises et garde sa dignité. Ne le faites point trotter à de grandes distances de son domicile ; c'est le métier d'un sujet. Que le citoyen ne soit jamais obligé d'aller plus loin que la maison municipale de sa commune ; et s'il est besoin de plus longs voyages, qu'il nomme pour cela ceux qu'il lui plaira d'en charger.

C'est la seule chose qu'il puisse et qu'il veuille faire. Car, inutilement, ordonnerez-vous des assemblées primaires de canton ; les citoyens n'iront pas. On n'a pas encore pu parvenir à les y faire aller. Sous le règne même de la terreur, quand, pour les forcer d'accepter la constitution de 1793, on a déclaré *mauvais citoyens* ceux qui n'iraient pas à l'assemblée primaire, et quand cette imputation pouvait mener à la mort, ces assemblées, qui devaient être, et qu'on disait, de *six cents* hommes ne se sont tenues, dans les campagnes du moins, qu'au nombre de *cent trente, cent cinquante, deux cents* au plus. Et c'est une observation qui vous montre à quel point vos municipalités de canton, ou vos assemblées primaires cantonales, mettraient hors de la République la majorité du Peuple Français, les petits propriétaires et les cultivateurs. On renverse un empire plus aisément qu'on ne détruit ou qu'on n'établit une habitude.

L'obligation d'aller à l'assemblée primaire

cantonale n'est, aux yeux du citoyen champêtre, qu'UNE CORVÉE : il met sa *LIBERTÉ* à n'en rien faire. La nomination d'électeurs, *ad hoc*, qui le dispenseront d'une course pénible et coûteuse, qui seront ses agens temporaires, et ne seront plus rien dès qu'ils auront consommé l'élection, lui paraîtra et sera en effet un acte réel de souveraineté.

« Les *instructions* à leur donner, en seront un autre qui le touchera bien davantage. Là, ses intentions seront enrégistrées, sa volonté sera écrite. Il verra, en perspective, une loi sortie de son cerveau.

« Qu'il en jouisse long-temps d'avance ! Ne lui enlevez pas cette félicité du bon citoyen.

Que plus heureux encore chez lui qu'il ne pourra l'être à l'assemblée primaire de sa petite municipalité, chaque père de famille, au coin le plus reculé de la France, puisse, dans sa maison, les pieds sur ses chenets, séant en son fauteuil à bras, entouré des siens, qui l'écouteront avec respect, leur dire: *j'ai* TELLE *bonne pensée* ; *j'en parlerai à la commune; si elle l'adopte, elle entrera dans les instructions de l'assemblée électorale. Et, pardieu ! j'aurai rendu là un grand service.*

*Nos Représentans en délibéreront. Ils ne pour-
ront pas s'en empêcher.*

Quand il retrouvera sa motion dans les
journaux, jugez sa joie ! Même quand elle
sera rejettée ; il se consolera, en disant :
*j'en reparlerai l'année prochaine ; ils en re-
viendront-là.*

Voilà comme on attache un homme à son
pays, à sa constitution, à la République, où
il voit sa place et son utilité avec un juste
orgueil. Voilà comme, en lui donnant des
moyens de bien faire, on l'accoutume à réflé-
chir, à devenir plus habile et meilleur.

Dès qu'il en sera ainsi, vous n'aurez plus
à craindre de sédition, ni d'insurrections ;
car nul homme ne prend les armes et ne se
porte à la violence, quand il espère obtenir
justice par la raison. Les propositions folles
seront jugées par leur isolement. Les propositions sensées acquerront du poids par la
multitude des assemblées primaires et électorales qui les auront emises. La nation et
le gouvernement marcheront sur le même
pied, à la même lumière, s'étayant l'un
l'autre.

Il n'y aura pas besoin d'une *acceptation,*
qui n'est pratiquable que dans une petite

république, où tout le peuple peut être rassemblé au *Forum*; d'une acceptation toujours nulle, mensongère et dérisoire sur un empire immense. Tout ce que le corps législatif aura trouvé bon, sera regardé comme provisoirement accepté et comme obligatoire, tant que la majorité du peuple dans les instructions, rédigées en ses assemblées primaires, n'aura pas réclamé. La majorité ne réclamera pas légèrement sur les articles constitutionnels. Elle sera plutôt occupée de ce qui regardera la législation et l'administration; car la liberté, la propriété, la sûreté, l'agriculture et le commerce intéressent bien plus sensiblement tout le monde que la constitution. La réunion de la majorité, dans quelque point des *instructions* annuelles, né pourra être que l'effet de l'opinion publique, qui mérite toujours du respect, et donne nécessairement force aux loix qu'elle a provoquées.

Tout corps législatif deviendra, par la suite inévitable des réclamations de la majorité du peuple, *Assemblée de revision* pour le point qui aura excité des plaintes. Lorsqu'il aura prononcé sur elles, l'obéissance provisoire lui sera encore due, sans préjudice des réclamations nouvelles qui l'éclaireront, ou qui, par l'exposition des motifs de son refus , éclaireront la nation... On s'accoutumera de toutes parts à savoir qu'il faut raisonner, et la raison démontrée se trouvera la loi.

Il n'y aura aucun sujet de division entre le Souverain et ses mandataires , entre les gouvernans et les gouvernés. Les législateurs sauront où l'esprit public les pousse, et jusqu'où il leur permet d'aller. Ils ne perdront plus leur temps à écouter à la barre des pétitions partielles. Les pétitions du Souverain seront bien plus noblement et bien moins équivoquement données en ses *instructions* , partant à-la-fois de toutes les communes de la République. Tout citoyen Français s'applaudira de faire partie d'un Souverain éclairé , qui , durant quelques jours de l'année , mettra nécessairement et utilement la main aux affaires de l'état.

Quoi ! en 1789 , sous un gouvernement que nous appellions *despotique* , il n'y a pas eu un Français qui n'ait concouru ou pu concourir au cahier de sa commune , et par ce cahier à celui de son assemblée bailliagère , aux *instructions* de ses Représentans : et sous la *République* un membre du souverain , le Souverain lui-même légalement convoqué , ne pourrait pas ce que pûrent les sujets d'un monarque, ce qu'ils furent invités à faire ! Quoi ! le vœu d'un citoyen, celui d'une commune seraient regardés aujourd'hui comme moins importans à connaître, comme moins dignes, d'attention qu'alors ! Quoi ! six années de malheur, de carnage et de dévastation n'auraient servi qu'à restraindre l'exercice de nos droits, et à nous faire rétrograder de la liberté !

Représentans, vous ne le voudrez pas : *chaque membre de* VOTRE SOUVERAIN *a le* DROIT *de voter sans déplacement* dans l'assemblée primaire de la commune qu'il habite; *et vous avez le* DEVOIR *de délibérer sur les* INSTRUCTIONS *qui plaît à cette commune et à toute commune de vous envoyer.*

§ V.

Autres observations.

J'ai traité les trois points qui me paraissent essentiellement vicieux et indispensables à réformer dans le projet de Constitution des *onze.* Je ne demanderais, relativement au reste, que de simples amendemens, et en petit nombre.

C

Je tiens peu à mes idées sur les choses qui n'ont pas une importance extrême.

De ce qu'un *Sénat* qui ne serait qu'une section d'un Corps législatif unique, me semble préférable à deux chambres distinctes, et prêter moins à l'aigreur des partis ; de ce que la formation de ce Sénat par les Représentans qui devront quitter l'Assemblée l'année d'après , qui auront déjà trois ans d'expérience, et qu'on renforcerait d'un nombre suffisant d'hommes d'élite, que toute l'Assemblée choisirait parmi ses autres membres, me paraît meilleur qu'un Sénat qui n'aura que la différence d'âge, et qui sera nommé directement par les assemblées électorales ; je n'infère, ni ne prétends que ce soit moi qui aie raison.

On peut dire à la faveur du plan de la commission des onze, en cette partie, que les sénateurs étant élus avant les membres du conseil des cinq cents ; il y a lieu de croire que ce seront eux dont le mérite aura fait le plus d'impression aux électeurs qui leur auront donné la priorité.

Je m'en rapporte à la sagesse de la Convention.

Je passerai encore plus légèrement sur les autres objections que j'entends faire.

On demande pourquoi donner au Sénat le nom de *Conseil des anciens*, et aux *Mi-nistres*, celui d'*Agens généraux d'exécution ?* A quoi bon traduire un mot court, clair et connu, en une phrase de trois ou quatre mots ? Quelle est cette timidité, ce reste de terreur qui empêche de parler Français en France ?

D'autres pensent que le POUVOIR EXÉCUTIF *en cinq personnes*, qui n'auront ni travail régulier, ni attributions spéciales, donnera lieu à beaucoup d'intrigues, fera naître une foule de tracasseries entre les *quintumvirs* et leurs femmes, et leurs amis, de l'un ou de l'autre sexe; qu'il en résultera dans l'intérieur du *directoire* des querelles interminables; que les *six* ministres de cette couronne à cinq fleurons, auront une existence plus désagréable encore, trop de chefs. Peu m'importe. Ce seront les affaires de ces *onze* grands person-nages. Peine d'ambitieux ne m'inquiète guère, et m'attendrit moins. Ceux qui s'y dévoue-ront la voudront bien supporter; et ceux qui s'en ennuieront ne manqueront pas de rem-plaçans.

On dit que par la nature des choses il y aura dans le directoire une minorité de deux, caba-lant continuellement contre la majorité de

C 2

trois ; et soulevant, à chaque opération de cette majorité gouvernante, le Conseil des cinq cents, et les débris des patriotes jacobins.

On s'effraie d'un corps législatif toujours assemblé, toujours délibérant, n'annonçant point de vacances, voulant sans cesse faire ou défaire des loix. On prétend que c'est un moyen presque certain pour multiplier les mauvaises loix, pour empêcher les bonnes de durer, pour confondre la législation avec l'administration, pour n'avoir jamais un gouvernement stable.

On s'inquiète du 10 août préparé contre le Pouvoir exécutif, dont une intrigue pourra renverser l'autorité par un décret du Sénat.

On fait des observations sur la suppression des districts. En demandant qu'on réunît, dès aujourd'hui, pour les Assemblées électorales, les districts qui sont trop petits, j'avais desiré qu'on renvoyât, au moins à un an, l'examen de leur utilité, de leurs inconvéniens et de leurs avantages. Le projet de la commission, à leur sujet, semble tenir à celui de la formation des municipalités cantoniales ; qui administreraient sous les ordres du directoire de département. Mais, si j'ai prouvé que les municipalités cantoniales ne doivent pas exister, qu'elles n'auraient point d'objet utile, qu'elles administreraient fort mal, avec tyrannie, sans lumières, et qu'il faut laisser subsister les petites communes, on pensera peut-être qu'il sera bon de conserver entre le département et les communes, l'administration de district, sauf les modifications et l'économie dont elle peut être susceptible.

On propose de ne pas comprendre dans la constitution, et de renvoyer à une législature ordinaire la distribution des tribunaux et l'organisation de l'instruction publique.

On remarque, relativement à cette dernière, que les vues mesquines d'épargne financière sur l'éducation des citoyens, seraient la perte de la République, ou du moins rallentiraient beaucoup les progrès de l'esprit civique qui doit la maintenir et la faire prospérer. Et l'on calcule qu'il faut que l'instruction nationale coûte au moins ce que coûtait le clergé constitutionnel. On démontre que sans cela les citoyens des campagnes ne sauront jamais ce qu'ils doivent penser ou croire. On insiste sur la mauvaise action que l'on ferait, en mettant toujours, et de toutes manières, ces citoyens hors de la République, en les réduisant au rang de simples *sujets* dénués de lumières. On fait voir le danger er de cette mauvaise action.

Toutes ces observations ont de la vérité, et je suis persuadé que la convention nationale les prendra d'elle même en considération plus ou moins; mais il est un article sur lequel je crois devoir solliciter encore plus vivement que le projet de constitution soit *amendé* ; c'est la communication entre les deux Conseils ; c'est la liberté laissée à celui des cinq cents de proposer des loix, sans développer ses motifs, et au Sénat de les rejetter, sans dire pourquoi.

Ce n'est pas ainsi qu'il faut gouverner une République, et une République où le peuple a entendu parler de tout, s'est mêlé de tout. La révolution, de qui la marche a été si insensée et si cruelle, fut pourtant, dans son origine, un *appel à la raison*. On ne peut trop la ramener à ce caractère, dont elle n'aurait pas dû s'écarter. L'obéissance trop passive, la foi implicite ne peuvent plus être exigées. C'est en montrant que les Législateurs raisonnent avec justesse et avec application, qu'on empêchera les simples citoyens de se livrer avec impétuosité à des raisonnemens absurdes et dangereux.

Les Rois faisaient des préambules avant de dire : *tel est notre plaisir*. Ils tâchaient de prouver que *leur plaisir* était *juste*. Les

Représentans d'un peuple libre ne doivent pas lui témoigner moins de respect. Il est bon d'exiger que le Conseil des cinq cents rende, compte des vues qui déterminent ses propositions; il est nécessaire que le Sénat expose toutes les raisons de ses refus.

On dit que les journalistes, en rapportant les débats, rempliront cette fonction. Les journalistes peuvent avoir de la partialité. Il leur est à peu-près impossible de saisir une discussion toute entière; et s'ils le faisaient, ils ennuiraient souvent leurs lecteurs. Ils se bornent donc aux traits saillans, ou qui leur paraissent tels. Leurs récits ne sont, ni complets, ni authentiques.

Quand il y aura diversité de sentimens, opposition entre le Sénat et le Conseil, la Ccontitution ne doit pas laisser l'opinion publique juger de tels cliens, sur le seul rapport des journaux.

Leurs meilleurs orateurs, leurs plus beaux et leurs plus sages esprits ne seront pas trop bons pour éclairer la nation dans de si grands intérêts. Pendant qu'on écoutera leurs demandes, leurs repliques, leurs argumentations, les esprits se réfroidiront, les opinions se formeront, elles prépareront l'accomodement; et soit qu'on les oblige à se réunir pour prononcer en commun, soit qu'on juge le *veto* du Sénat suffisant, on attendra mieux ce résultat de la Constitution, on le respectera davantage.

Il fallut prévoir que le Conseil étant du double plus nombreux, et ayant pour lui la chaleur séduisante ou entraînante que la jeunesse porte ordinairement dans ses expressions, passera naturellement pour plus *patriote* que le Sénat. Si celui-ci croyait de sa dignité constitution- nelle d'exprimer son *veto* par une simple for- mule, si c'était l'injonction de la loi, s'il ne pouvait pas, s'il ne devait pas manifester la pureté et la sagesse de ses intentions, le Sénat serait bientôt travesti dans tous les lieux pu- blics, en *ennemi du peuple*; et le gouverne- ment risquerait d'être renversé.

Ne laissons plus de prétexte à l'anarchie : elle n'a de préservatif solide que la raison. Et même, quand on est réduit à lui opposer la force armée, il n'en est que plus indispen- sable de prouver qu'on en a beaucoup de re- gret, mais qu'on ne pouvait, ni ne devait faire autrement. Et puisque le Sénat doit être l'ancre de la République, aidons, aiguisons la seule pointe par laquelle il puisse mordre sur l'o- pinion.

§s. V I.

De la position où se trouve la Convention nationale et des opinions de la France.

Tout ce que nous venons de dire n'est il pas inutile ?

La constitution des onze, amendée ou non, ou quelque autre coustitution que ce soit, peut-elle être établie dans les circonstances et les dispositions où se trouvent la Nation et ses Législateurs ?

Nos maux ont-ils un terme possible à prévoir ?

Ce sont-là des questions plus importantes encore que celles mêmes que nous venons d'examiner. Leur seule énonciation serre le cœur. Mais elles ne doivent pas abattre le courage.

C'est parce qu'elles existent et qu'elles sont douteuses, qu'il faut que tous les Français qui ont du bon sens et de la morale, pour qui la Patrie, la philosophie, le bonheur du genre humain sont quelque chose, réunissent leurs forces afin d'y trouver une heureuse solution.

La constitution des onze porte en elle-même un vice destructeur : arme à deux tranchans, qui peut empêcher toute constitution d'être, qui peut anéantir toutes celles que la Convention croirait devoir décréter.

Elle propose de renouveller le Corps législatif par moitié tous les deux ans, et de commencer par la Convention actuelle cette rénovation, en conservant la moitié de ses membres dans la prochaine Législature.

Si cette mesure est adoptée, il est impossible que la constitution, eût-elle le degré de perfection que pourraient lui donner des anges, subsiste six mois.

Il faut connaître qu'elle est notre Nation. Il faut observer quélle a été sa conduite.

Ambitieuse, vaine et légère, voulant toujours du nouveau, jamais sous l'ancien gouvernement elle n'a fourni aucun ministre qui n'ait prit à tâche de détruire tout ce qu'avait fait son prédécesseur.

Et depuis qu'elle marche vers la République, la première Assemblée nationale a renversé l'ancienne constitution de la France, que des rois usurpateurs avaient long-tems suspendue, que Louis XVI avait rétablie en convoquant les *États généraux* : constitution dans laquelle un roi, faiblement balancé par des cours de judicature, gouvernait en l'absence des Représentans de la Nation, mais était obligé de les rappeller, de leur rendre compte, et de réformer les abus d'après les conseils des Etats généraux, toutes les fois qu'il voulait établir légalement des contributions.

L'Assemblée législative a *renversé* la constitution décrétée par les constituans, jurée par tous ses membres avec un respect en apparence religieux, jurée individuellement par tous les Français.

La Convention girondine a tenté de *renverser* la constitution municipale, centrale, parisienne, que l'Assemblée législative avait formée ou laissé former pour abattre la constitution de 1789. Elle a été fort près d'y réussir et d'établir la constitution de Condorcet, d'où serait sortie une République terriblement orageuse.

La Convention sanguinaire de Marat, de Robespierre et de Billaud, a *renversé* la Convention girondine, ses espérances, ses bases de gouvernement. Elle a fait jurer encore à toute la France une constitution anarchique.

La Convention thermidorienne revenant à pas un peu lents vers la justice, mais cherchant et invoquant la raison, a *renversé* la constitution de 1795, après avoir trois fois risqué d'être *renversée* elle-même, et de perdre la vie sous le fer des jacobins.

Il ne lui est donc pas permis de douter de la pente qu'ont tous les nouveaux dépositaires de l'autorité à substituer de nouvelles pensées et de nouvelles institutions à celles qu'ils ont trouvées établies.

Elle peut donc être certaine que les collègues qu'elle se donnerait, ou se ferait donner, en nombre égal à celui des membres de la Convention qui resteraient, n'auraient rien de plus pressé que de proposer à la constitution des amendemens, tels qu'elle devint une constitution toute différente.

Et si les conventionels voulaient résister, ils ne peuvent douter encore qu'ils seraient vaincus, au prix d'une nouvelle *révolution*, s'il était nécessaire.

Les discussions qui, depuis deux décades, ont eu lieu dans les journaux, montrent suffisamment combien les survenans qui n'auraient pu encore donner aucune prise sur eux à l'opinion publique, auraient de puissance contre les membres de la convention, qui, même dans leur victoire actuelle sur les tyrans dévastateurs de la France, portent encore les

stigmates des fers dont ils devaient la préser-
ver, qu'ils partagèrent avec elle.

Décréter la constitution proposée, qui or-
donne le renouvellement du corps législatif
par moitié, et appliquer cette disposition à
celui qui existe, c'est donc décréter que cette
constitution elle même n'aura pas lieu.

Décréter cette forme de renouvellement pour
l'avenir, même indépendamment de la part
qu'on y réserverait pour la Convention, ce
serait décréter une révolution tous les deux
ans: et d'autant plus sûrement, que les corps
nombreux ont toujours une multitude de membres, dont toute la politique consiste à se mettre
du parti le plus fort : de sorte que beaucoup
de demeurans se détermineraient promptement
pour les arrivans énergiques et innovateurs,
contre les faibles conservateurs que le goût de
la nation pour le changement attaquerait de
toutes parts.

Le même événement arriverait dans le Sénat
renouvellé, suivant le même principe et de
la même manière, et n'ayant pas la force de
l'expérience que je réclamais en sa faveur,
en voulant y mettre pour ses trois quarts les
membres les plus anciens du corps législatif,
ayant déjà trois années de service.

Ainsi la moitié des cinq cents et les soi-disant anciens , tout aussi nouveaux qu'elle dans la Représentation nationale , rendraient certaine la révolution bis-annuelle , malgré l'obstacle apparent qu'y mettraient les deux chambres , toutes deux divisées en membres véritablement anciens, et en membres amateurs de choses nouvelles , comme leur nomination.

Et pourquoi , voulant que les Représentans du Peuple soient renouvellés en entier tous les quatre ans , préférer que ce soit tous les deux ans par moitié , plutôt que tous les ans par quart ? Le renouvellement le plus insensible n'est-il pas le plus conforme à la marche de la nature , et celui qui réservant à l'expérience une majorité décidée , peut le mieux garantir des bouleversemens ?

J'avais pensé que cette forme préservatrice des grandes mutations dans l'ordre public , pouvait , devait être employée , même à l'égard de la Convention nationale transformée en Législature. Sur ce point , j'ai été mené vertement par un grand nombre de beaux esprits et même d'esprits justes. On m'a objecté que les membres de la Convention ne pouvaient pas s'élire eux-mêmes ; que la pluspart d'entre eux avaient été fort mal élus, à haute voix, sous les poignards ensanglantés du deux sep, tembre, et n'étaient donc pas réellement Représentans du Peuple ; qu'on ne pouvait regarder comme tels que ceux qui ont justifié leur mission, ou réparé le vice qui la tache, en servant, le Peuple par leur courage , leurs talens et leurs vertus ; que ceux-là , qu'il est désirable de revoir en place y seront portés par leur réputation et par le vœu des électeurs. On en a conclu que les membres de la convention ne devaient rester ni par moitié , ni par deux tiers, ni par trois quarts ; que les principes exigeaient qu'ils cédassent tous leurs siéges à un nouveau corps législatif pour lequel ils seraient éligibles , et où la voix de la Nation rappellerait naturellement ceux qui l'ont mérité , ceux qui peuvent y être utiles.

Ces vérités, vigoureusement exprimées par d'excellens écrivains , sont claires et conformes à de très saines maximes générales. Je n'ai rien à y répondre, sinon que, de tous les maux publics, une nouvelle révolution, qui pourrait encore en enfanter d'autres, serait, sans comparaison, le mal le plus terrible ; qu'elle est celui qu'à tout prix on doit le plus éviter. Ne sommes-nous pas assez payés pour le savoir ?

Si cette révolution est indubitable dans le cas d'un renouvellement par moitié, elle sera encore plus promptement effectuée par un renouvellement total.

Il ne faut point se dissimuler que c'est précisément cette révolu ion que beaucoup de gens désirent, et à laquelle ils voudraient nous conduire tout doucement ; mais à laquelle aussi les penseurs, les philosophes, les amis de l'humanité doivent s'opposer de tout leur pouvoir.

Plusieurs citoyens, même vertueux et amis des loix, qui ne les ont encore vu régner en France que sous un gouvernement royal, ont tellement lié dans leur tête l'idée d'un roi à celle de la paix intérieure, qu'ils ne sont effrayés d'aucun des événemens qu'ils imaginent propres à faire naître un gouvernement britannique ou au moins constitutionnel de 1791 : cette pensée influe sur les conseils qu'ils donnent à la Convention nationale. Dans leur niaiserie littéraire, ils ne voient pas que les révolutions ne sont point si modérées, ne s'arrêtent pas si juste aux mesures mitoyennes dont la bonté encore est très-douteuse, et que toute révolution royaliste les soumettrait à un despotisme

tisme exécrable dont ils seraient les premières victimes.

D'autres, moins éclairés et plus méchans, ne se cachent point de préférer le despotime même de Maroc, à la République, qu'ils confondent avec le despotisme plus cruel que celui de Maroc qu'ils ont vu établi, en profanation du nom de la République, par les anciens comités de gouvernement.

Ni les uns, ni les autres ne savent ce que c'est qu'une République, et ne peuvent guère en prendre une idée dans la const'tu ion des onze, qui n'est rien moins que républicaine.

Les uns et les autres ignorent qu'une République bien constituée, quelle que puisse être l'étendue de son territoire, serait le gouvernement le plus paisible et le plus moral ; celui où chaque homme ayant le plus de liberté, pourrait le moins troubler la liberté et la propriété d'autrui; celui, par conséquent, sous lequel il vaudrait le mieux vivre, et sous lequel l'agriculture, les manufactures, le commerce, les sciences, les arts feraient les plus grands et les plus rapides progrès.

Ils se trompent encore plus sur le résultat des évènemens qu'ils provoquent. Ils ne pensent pas que le mot de *liberté* est si cher au

cœur de l'homme , que même où la chose
n'existe pas , il rallie les esprits , il élève les
caractères , il porte aux plus grands efforts. Ils
n'observent pas que, abus pour abus, ceux qui
se commettent à ce nom sacré , à quelque
point qu'ils soient oppressifs , ont toujours
pour eux la portion du vulgaire qu'on dupe
aisément avec des paroles ; et celle plus nom-
breuse qui , cédant à la terreur , ou mue par
la cupidité, se tient prête à coopérer à toute
tyrannie pour échapper à ses coups ou parta-
ger sa proie. Ils ne voient pas ,

» Des soldats de Sylla le redoutable reste »,

ces hommes affamés de sang et de pillage ,
désarmés aujourd'hui plus que vaincus , et non
pas même tous désarmés, errant sur les places
publiques , portant encore dans leurs yeux
hagards le desir et l'espoir des soulèvemens. Ils
ne voient pas les jacobins qui , dans leur im-
placable férocité, trop sûrs d'arracher le sceptre
aux faibles mains des royalistes , font des vœux
ardens pour que ceux-ci les aident à soumettre
les républicains. Hé bien ! ces jacobins existent , et ne se cachent même pas. Toute révolution leur est également bonne. Toute révolution les débarrassera de l'un ou de l'autre de

leurs ennemis. Toute révolution leur rendra l'empire. Ils aiguisent, avec un sourire de cannibales, leur hache meurtrière, sous le tranchant de laquelle les républicains et les royalistes passeraient également : laissant la France abandonnée au ravage de toutes les propriétés, à l'incendie universel, au massacre général, à des calamités peut-être plus affreuses, ou du moins plus multipliées que celles dont nous saignons encore, à des calamités dont le seul terme serait la famine sans remède, qui punirait enfin les oppresseurs sur les ossemens des opprimés.

Tels sont les malheurs qui nous menacent, qui pendent sur nos têtes, dont l'abîme est prêt à s'ouvrir sous nos pieds, et qui résulteraient également de toute révolution, soit royaliste, soit jacobine. Car il est très-nécessaire que ceux qui furent le plus persécutés, mais qui ne sont pas égarés par une soif insensée de vengeance, et qui ne veulent qu'une existence paisible, ne se fassent pas illusion : une révolution royaliste ne pourrait être humaine ; et, soit que ses chefs en eussent ou non l'intention, elle deviendrait inévitablement fanatique et cruelle. Elle étendrait particulièrement son glaive sur les gens d'esprit, sur les philosophes, sur tous ceux qui parlent ou qui écrivent avec quelque facilité, et qui ont montré ou sont capables de montrer pour la liberté un amour raisonnable. Enfin, tel que pût être ou paraître son premier succès, elle ne serait qu'un pas qui entraînerait irrésistiblement vers une plus terrible révolution anarchique et jacobine. La puissance de la multitude, animée par l'aspect du partage des propriétés, est supérieure à toute autre puissance.

Il faut donc que la raison et la prévoyance répètent sans cesse aux pères de famille, à leurs femmes, à ceux de leurs enfans qui entrent en âge de raison, à ceux plus précieux encore qui portent les armes pour la patrie, cette vérité importante, à laquelle tiennent le salut public et particulier, qu'il ne peut plus y avoir en France de sûreté pour les personnes, de propriété garantie sur les biens, de paix, de morale, de bonheur que dans une Constitution républicaine; et que tous nos efforts doivent se tourner uniquement à la rendre le plus conforme qu'il sera possible à nos droits, et la plus propre à prévenir les commotions politiques. Les têtes bien faites, les âmes nobles et sensibles se portent vers la République par sentiment ; mais que les égoïstes sachent que, pour ceux qui se complaîrent à la tranquillité de l'esclavage, il n'y a d'asyle que dans la liberté.

C'est donc à cette Constitution vraiment libre qu'il faut arriver ; c'est le moyen qui pourra y conduire le plus sûrement, qui doit être embrassé par la Convention nationale, et dans lequel elle doit trouver l'appui des bons citoyens.

Cependant que peut à cet égard la Convention? L'apparence est qu'elle même ne le sait pas. Je doute qu'elle puisse le savoir, avant d'avoir bien calculé les lumières de ce qu'elle a d'hommes d'esprit, le bon sens de ce qu'elle renferme d'hommes de bien, l'opiniâtreté de ce qu'elle compte d'hommes de courage, le degré d'influence des uns sur les autres, la solidité de leur union, la position des affaires publiques, les circonstances pénibles que la nation doit avoir à supporter, les ressources que le gouvernement peut y opposer, sa longanimité pour toute espèce de travail, et contre toute espèce d'obstacles et de difficultés. A-t-elle fait ce calcul ?

D'abord il est certain que la Convention nationale ne peut rien du tout, avant d'avoir

complettement achevé l'épuration des mem‑
bres qui la déshonorent. Et c'est sans doute
un grand mal qu'elle ait déjà commencé la
discussion des droits de l'homme, en com‑
pagnie de gens qui ont violé tous les droits,
manqué à tous les devoirs de l'homme et du
citoyen, qui sont couverts de sang, et souillés
de péculats. Comment confier au crime la
fonction auguste et sainte de fixer les maximes
de la vertu ! Les législateurs qui donnèrent
des Constitutions aux peuples antiques, fei‑
gnaient de recevoir des inspirations célestes;
ils auraient rougi de se compromettre au point
d'accepter publiquement les conseils des
hommes les plus vils et les plus méchans.

J'espère qu'un Représentant vertueux se lé‑
vera, et fera la motion d'ordre de réparer cette
inconvenance, et de ne pas aller plus avant
sur les loix de la Constitution, tant que la
Convention nationale aura le malheur et la
honte de voir au milieu d'elle des membres
que les loix et les mœurs de tous les pays or‑
donnent de punir.

Il faut que de la Constitution jaillissent la
gloire et le bonheur des Français; qu'une
source qui doit être si pure ne soit donc pas
salie et rendue vénéneuse, en coulant par des
canaux empoisonnés !

Ce n'est que par cette épuration, faite avec toute la sévérité de l'honneur national, d'un honneur délicat, que la Convention reprendra le *maximum* de puissance qu'elle peut encore atteindre.

Elle deviendra pour lors, et pas plutôt, à portée de juger, *quid valeant humeri, quid ferre recusent?* Si elle peut résister à l'opinion qui demande sa retraite? si elle peut assurer, dans tous les cas, le service public, par les valeurs réelles, par les richesses naturelles qui demeureront toujours entre les mains de la nation, et même sans le secours d'une monnaie fugitive, s'il arrivait qu'il fallût s'en passer? si, dans toutes les hypothèses, elle peut soutenir la guerre? si elle peut faire la paix? si elle peut sauver la patrie? si elle peut fonder et mettre en marche une Constitution sage et durable?

Si elle le peut, qu'elle le fasse sans craindre les vains propos. Ceux qui les tiennent ne prendront pas la bayonnette contre elle, comme les habitans des faubourgs; et supposé qu'ils le fissent, sur-tout après son épuration, ils pourraient, comme les habitans des faubourgs, y trouver un combat et des vainqueurs. La gloire de fonder la Constitution et la République suffit pour couvrir toute espèce de malheurs et de torts.

Mais si elle ne le peut pas, si elle n'est point assurée de le pouvoir, (*dans le doute, abstiens-toi*), qu'elle se garde bien de vouloir achever un acte constitutionnel qui n'aurait point de durée ; qu'elle n'expose pas la nation à violer encore une fois la religion du serment ; rien n'avilit et ne corrompt un peuple comme ces secousses données à la morale publique et privée : c'est un grand service à lui rendre que de les lui épargner.

Qu'en ce cas, les Représentans sages, intrépides, prudens, honnêtes, sans abandonner leur ouvrage, sans le livrer à une destruction qui serait inévitable, le réservent comme *mémoire*, et se réservent eux-mêmes pour assurer son succès, dans le nouveau Corps législatif, auquel ils ne peuvent manquer d'être appellés, et qui, révêtu de la confiance publique, pourra être organisé avec les principes du renouvellement lent et successif, qui est indispensable pour perpétuer une Constitution.

La Convention se bornant à décréter le mode d'élection de ses successeurs, il ne serait peut-être pas absolument impossible, avec de l'habileté et du bonheur, d'éviter une nouvelle révolution, quoiqu'elle soit toujours infiniment à craindre dans tout changement complet de Corps législatif. Il y aurait pour la faire une donnée de moins, puisqu'on ne saurait pas positivement contre quoi la diriger, tant qu'il n'y aurait pas de Constitution établie. Il y aurait contre elle un préservatif de plus, parce que les nouveaux Législateurs ayant une constitution à créer, seraient moins tentés de faire une révolution.

Et si on réussissait à l'empêcher, si la révolution n'arrivait pas, la Constitution que feraient ceux qui la proposent aujourd'hui, réunis à des collègues qui auraient le loisir d'en déployer tous les ressorts, et d'en essayer l'exercice, pourrait finir nos malheurs, et préparer les jours de notre prospérité.

Je désire que, s'il se peut, on ne mette rien au hasard; et si l'on est réduit à le risquer, je demande le moindre hasard, le hasard le moins démoralisateur.

Mais dans tous les cas, je réclame;

Pour les propriétaires du sol, la souveraineté du pays, qu'ils ont conquis par les bâtimens et par la culture;

Pour les locataires qui ont du patriotisme

et de bonnes mœurs, un droit de cité représentatif ;

Pour les petites communes, leur conservation, la faculté de voter dans leur enceinte, le droit de nommer des électeurs, et celui de leur donner des instructions qu'ils transmettront aux Députés chargés de représenter le Peuple ;

Pour le Souverain, la liberté des choix.

Pour tous les hommes de mérite et de talent, l'éligibilité ;

Pour le Conseil des cinq cents et pour la Sénat, l'obligation d'exposer publiquement par écrit les motifs de leurs résolutions;

Pour la République entière, les moyens de reconnaître la raison et la justice, et d'en faire la base des loix.

TABLE DES MATIÈRES.

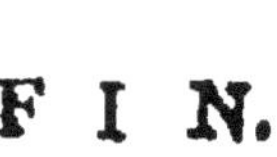

F I N.